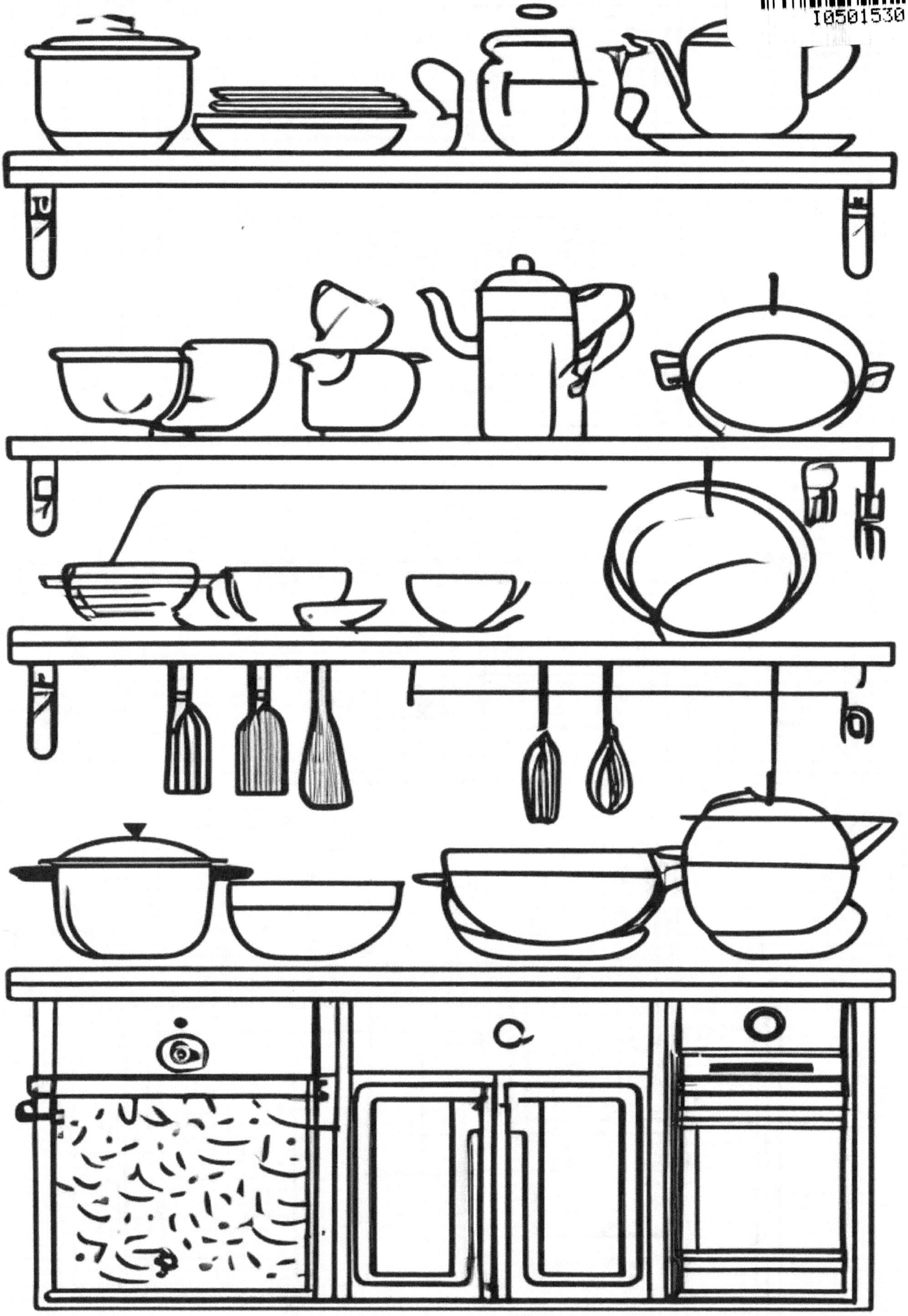

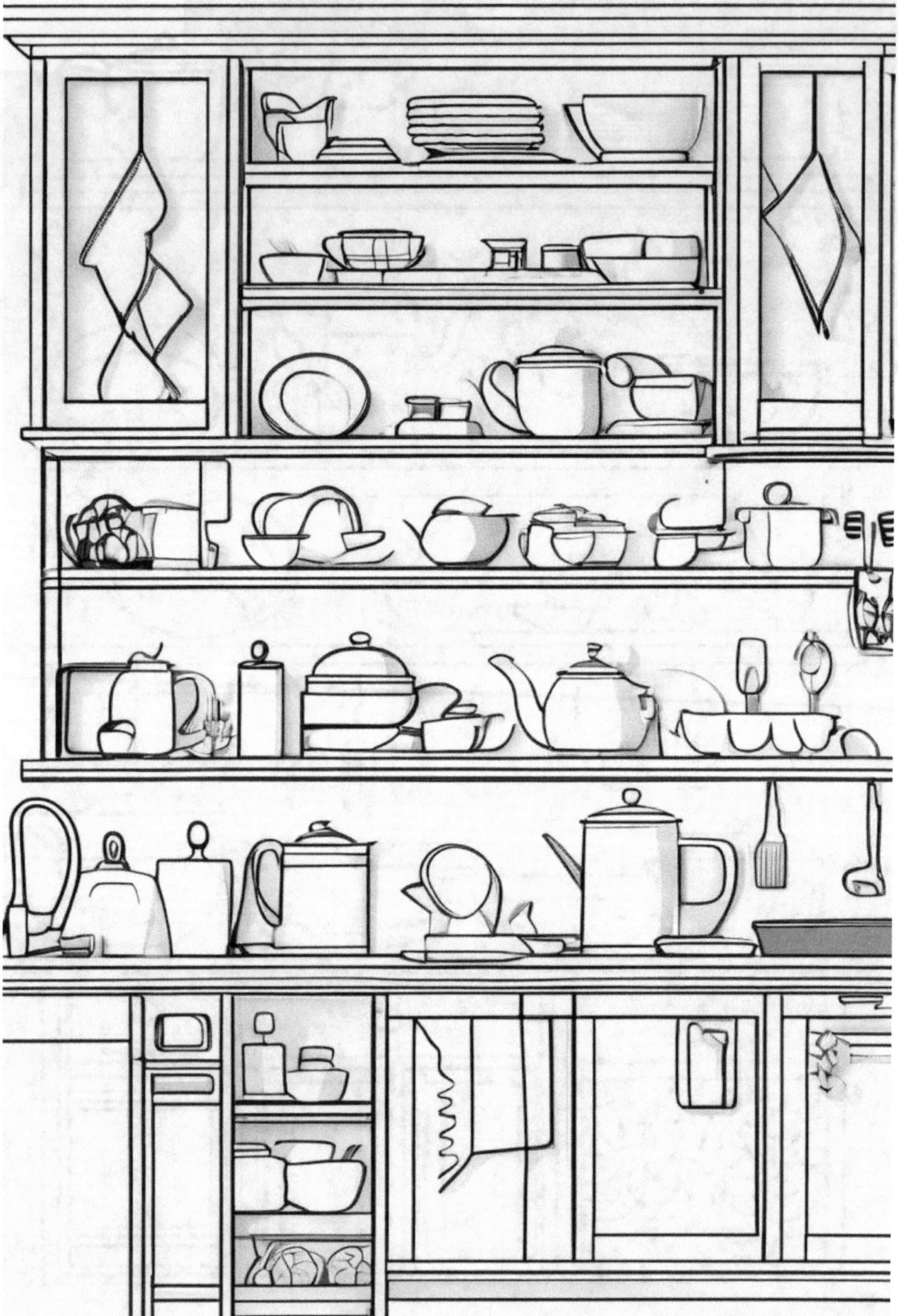

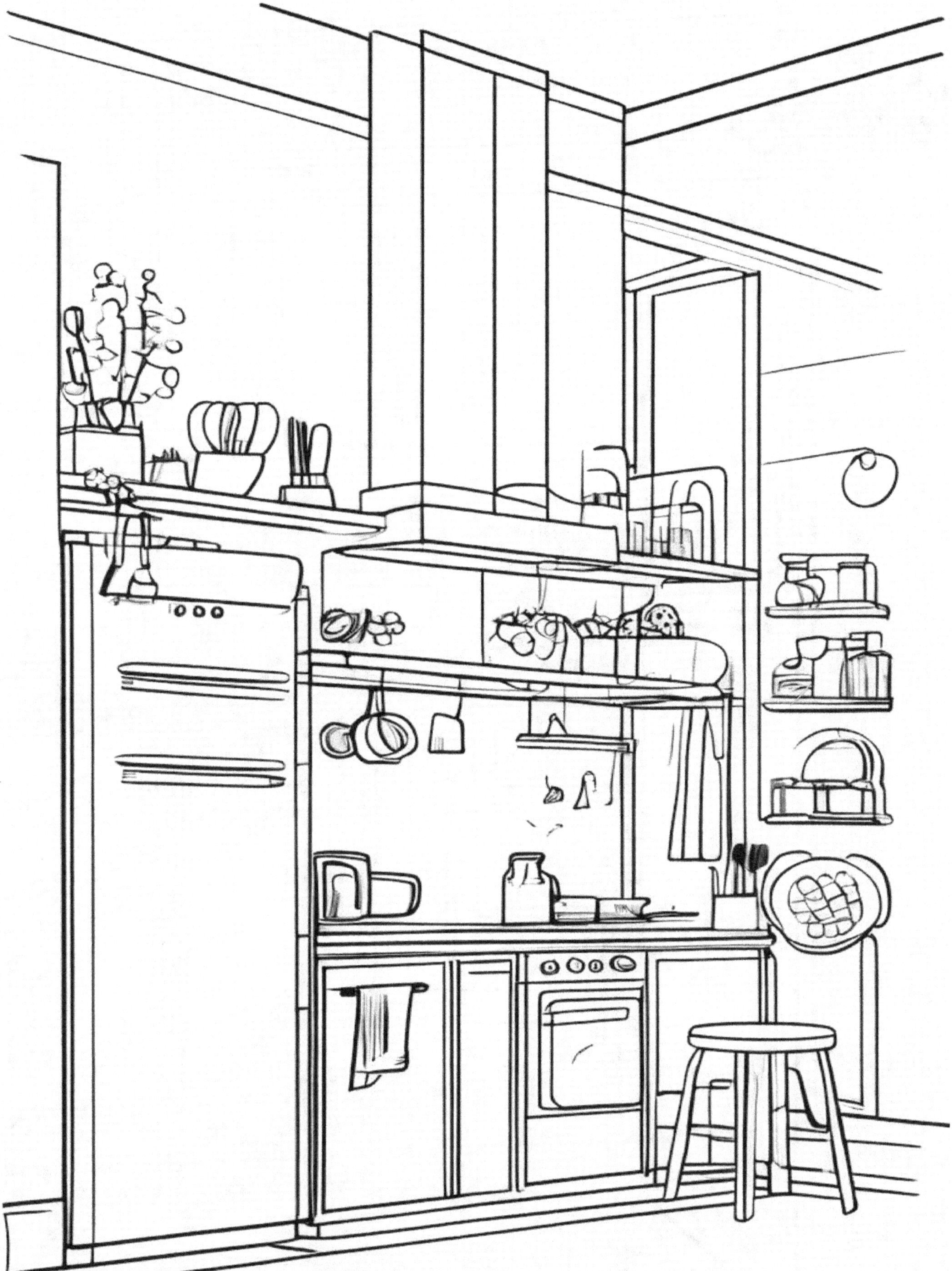

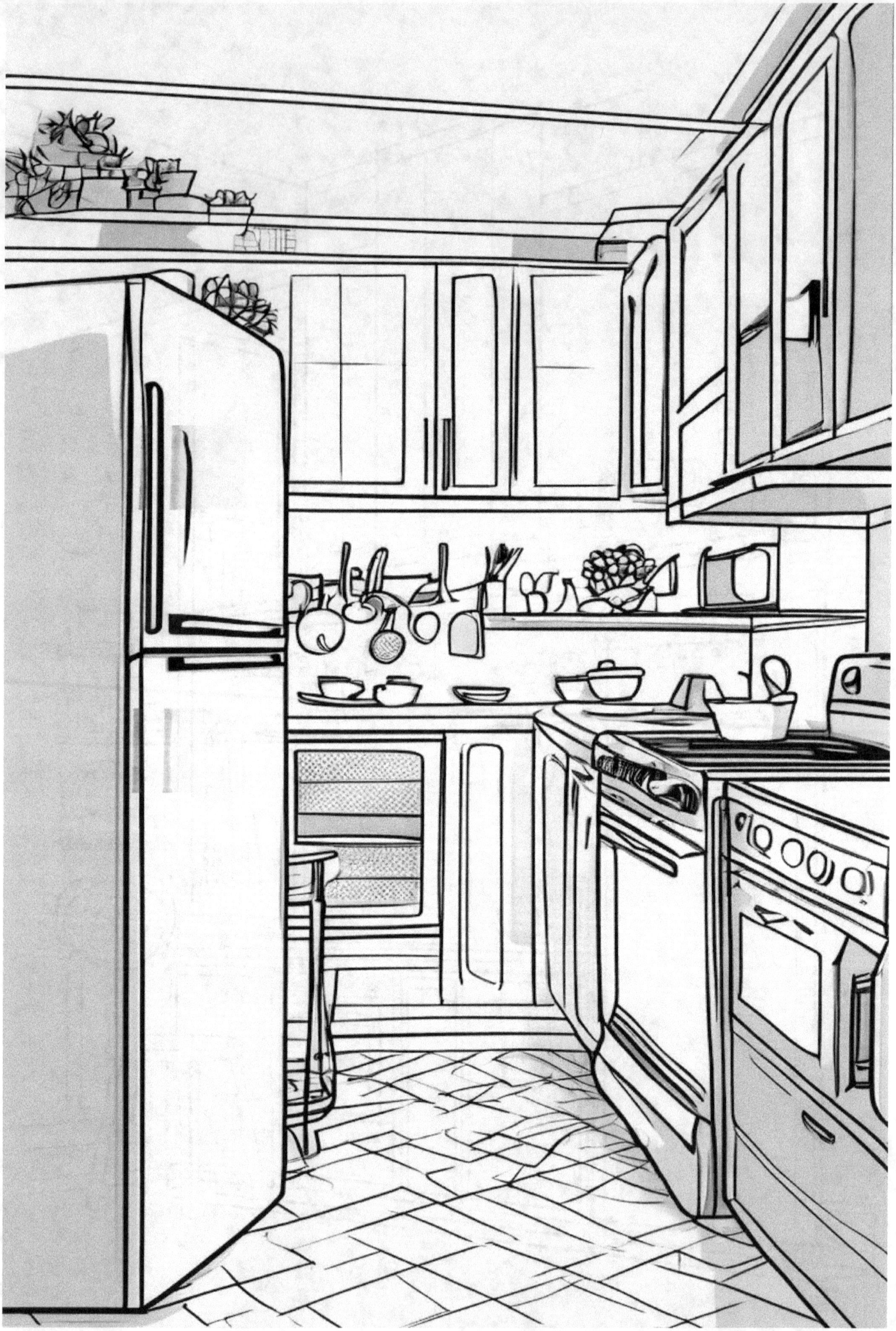

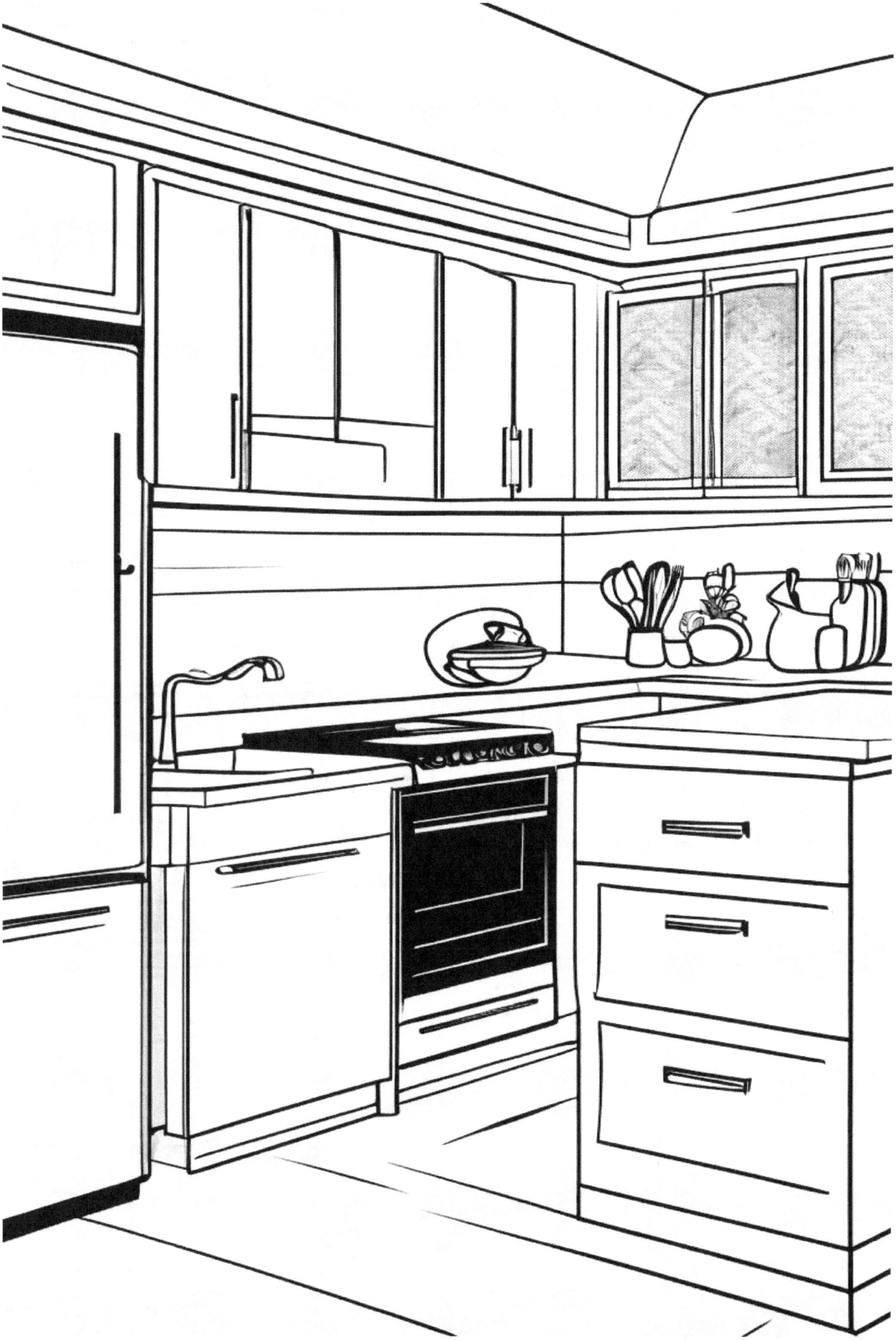

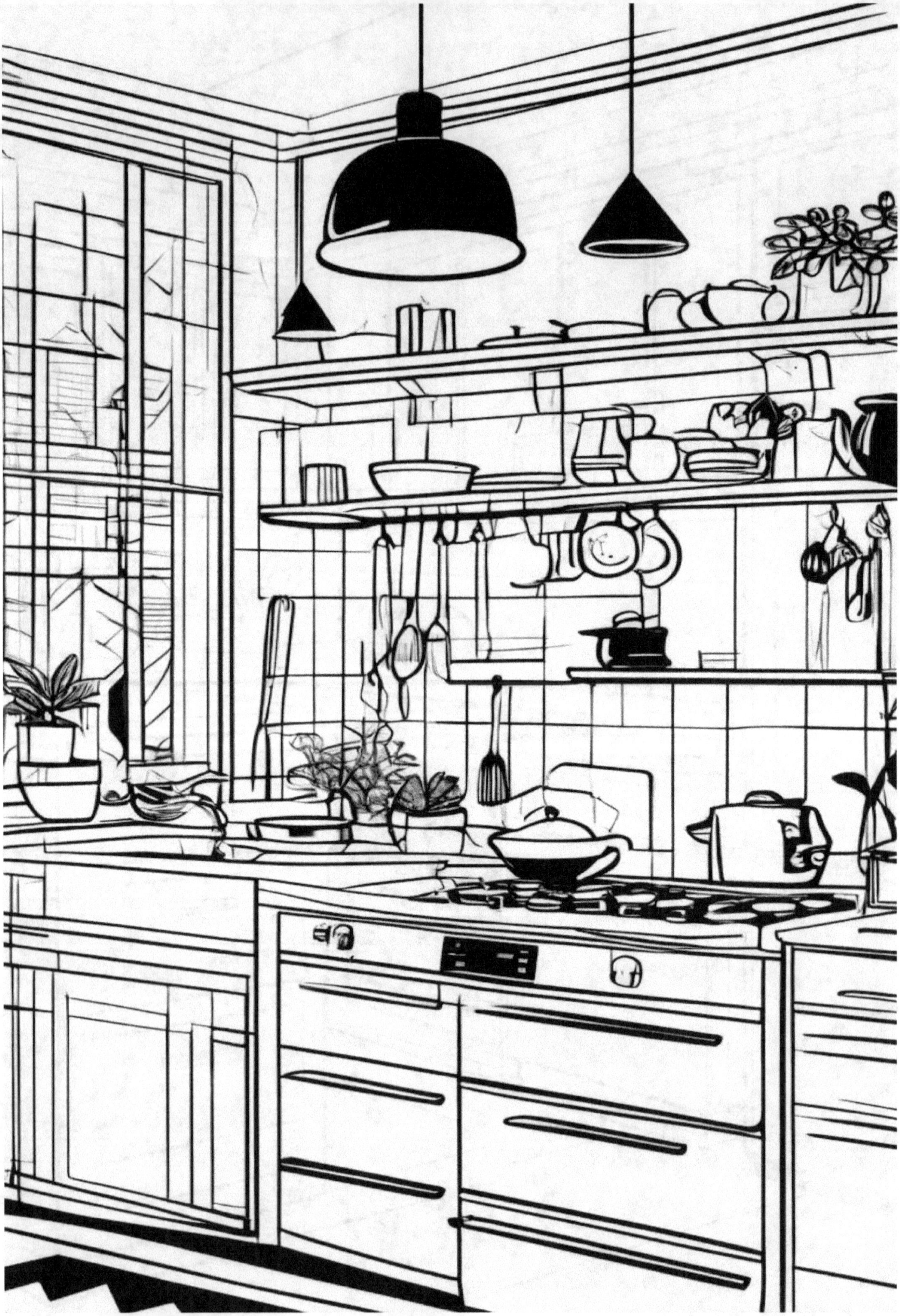

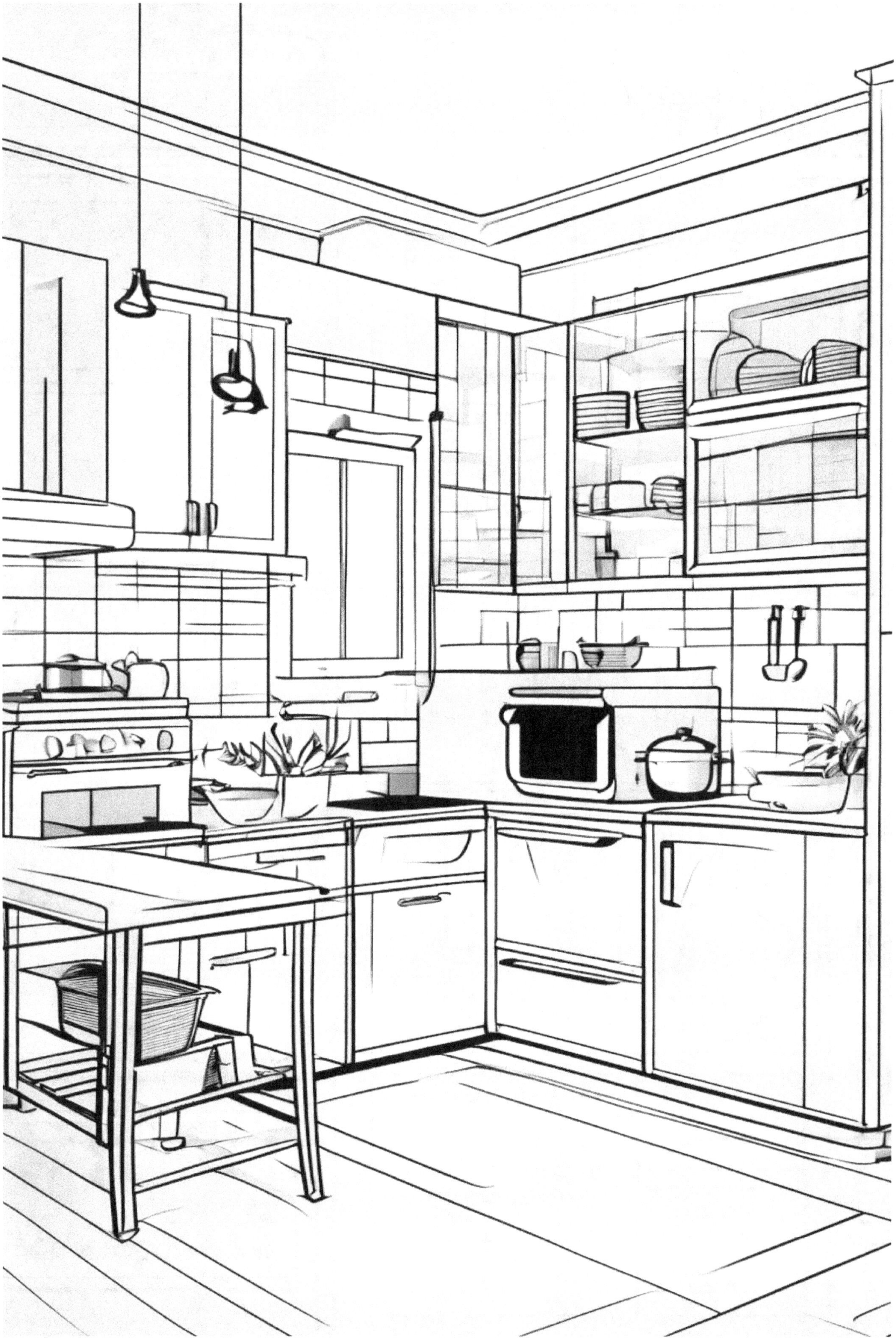

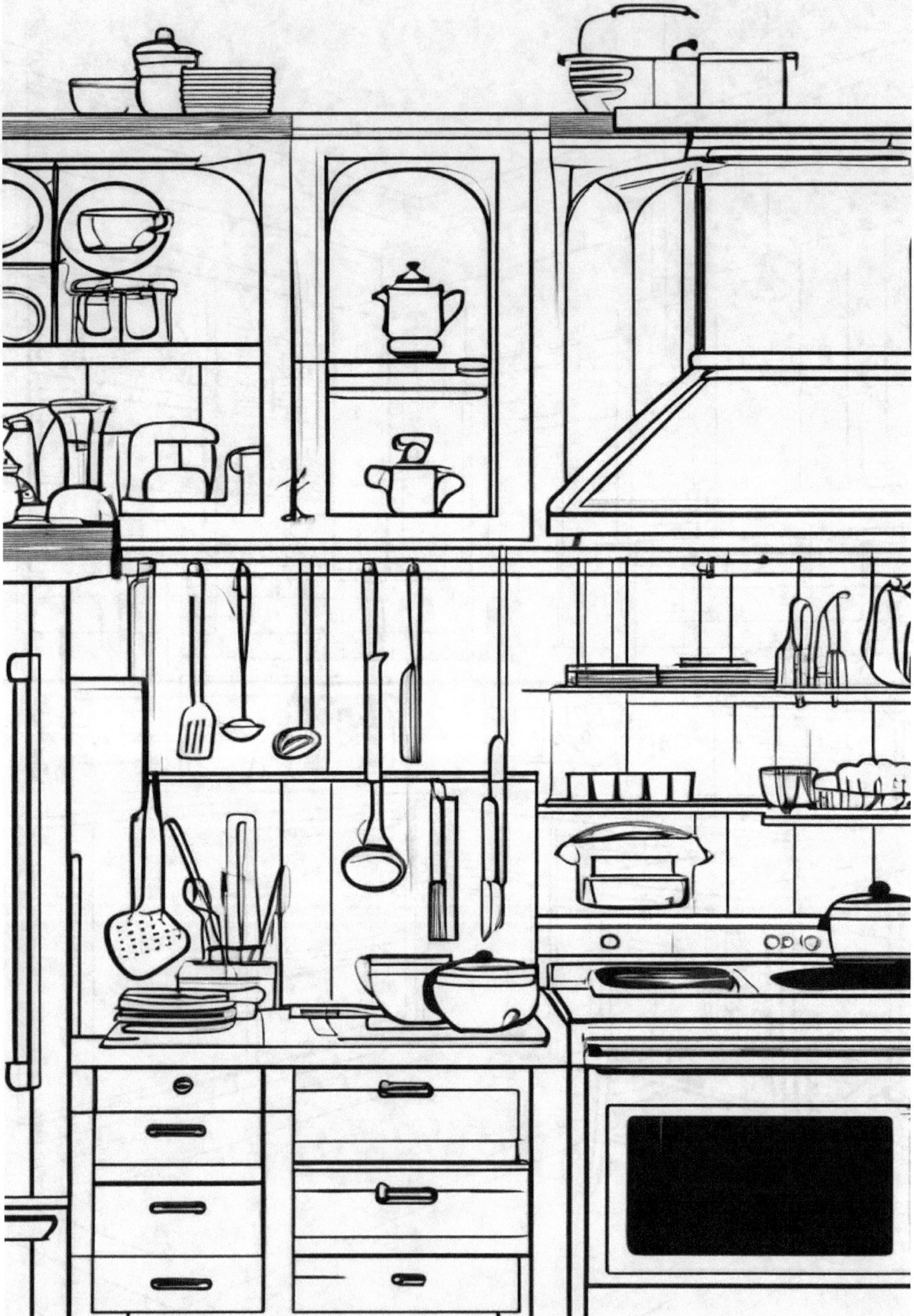

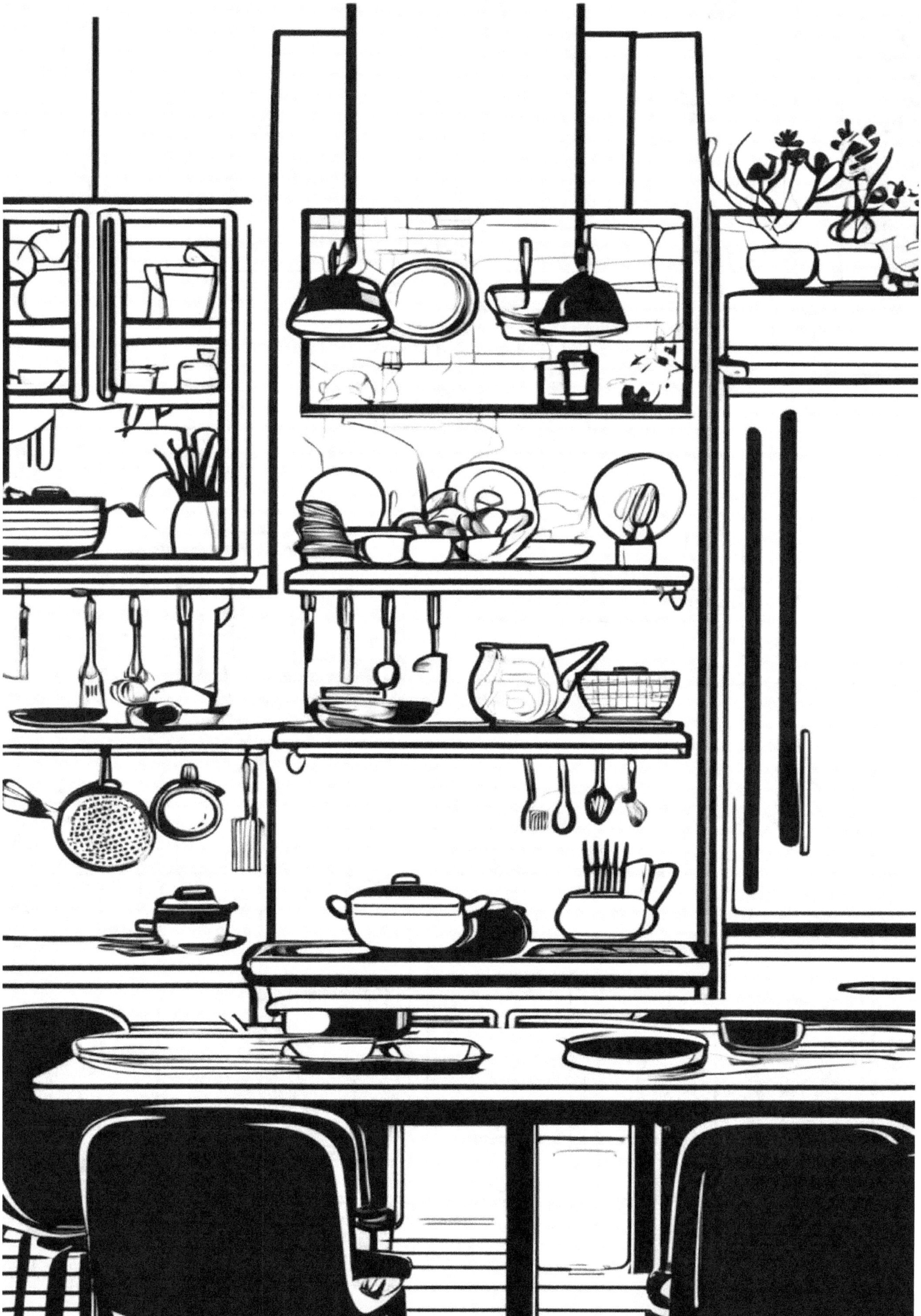

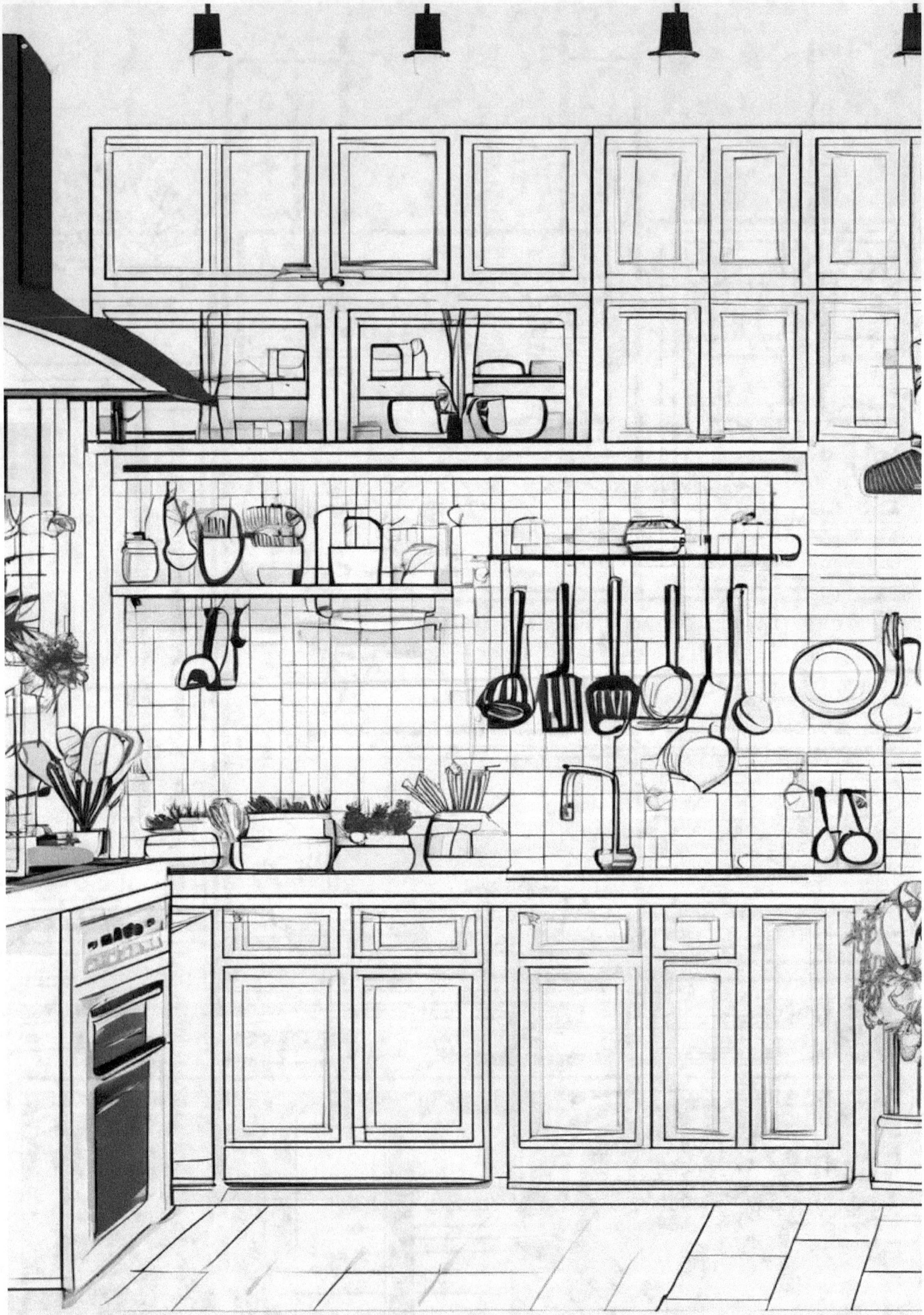

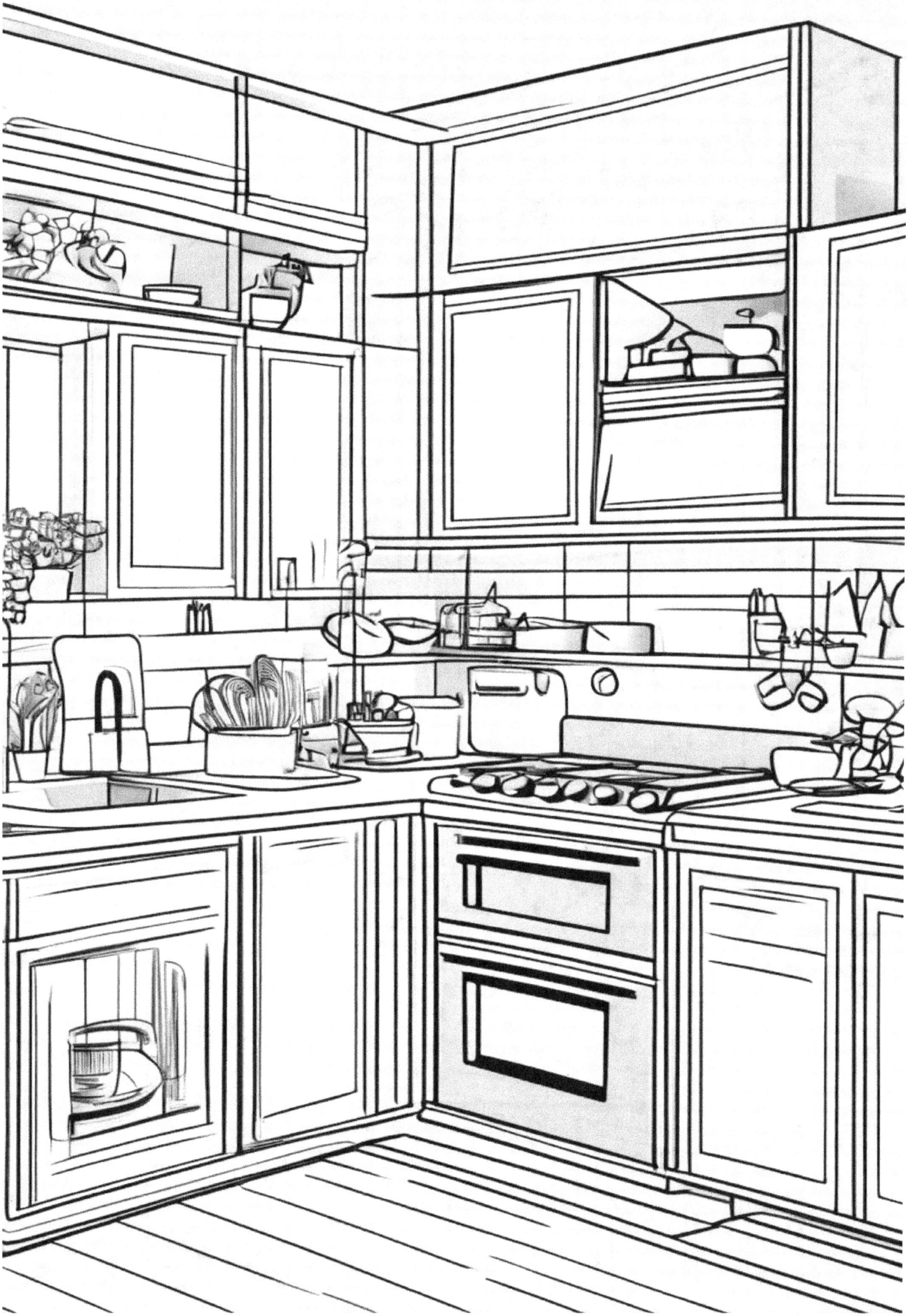

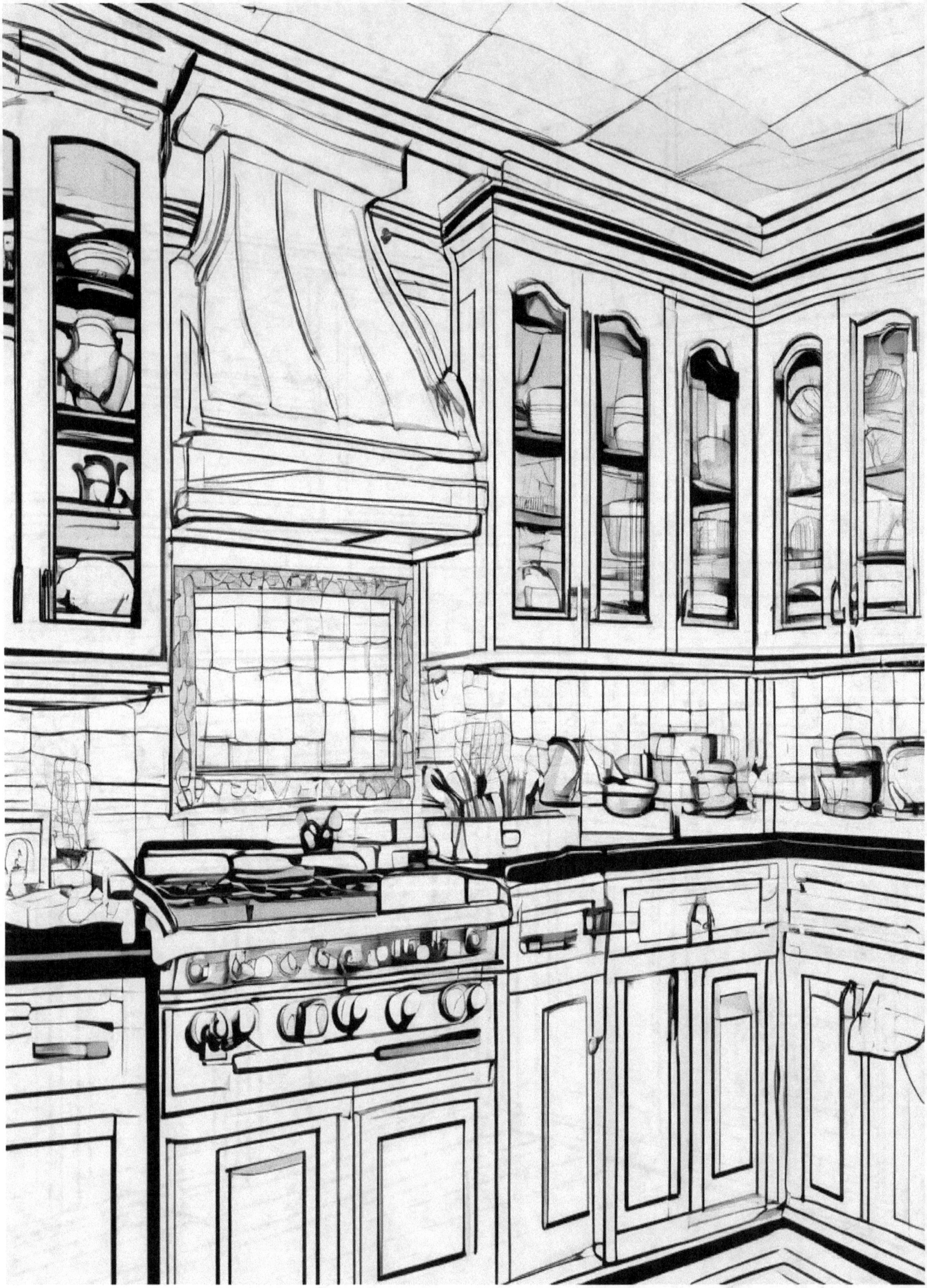

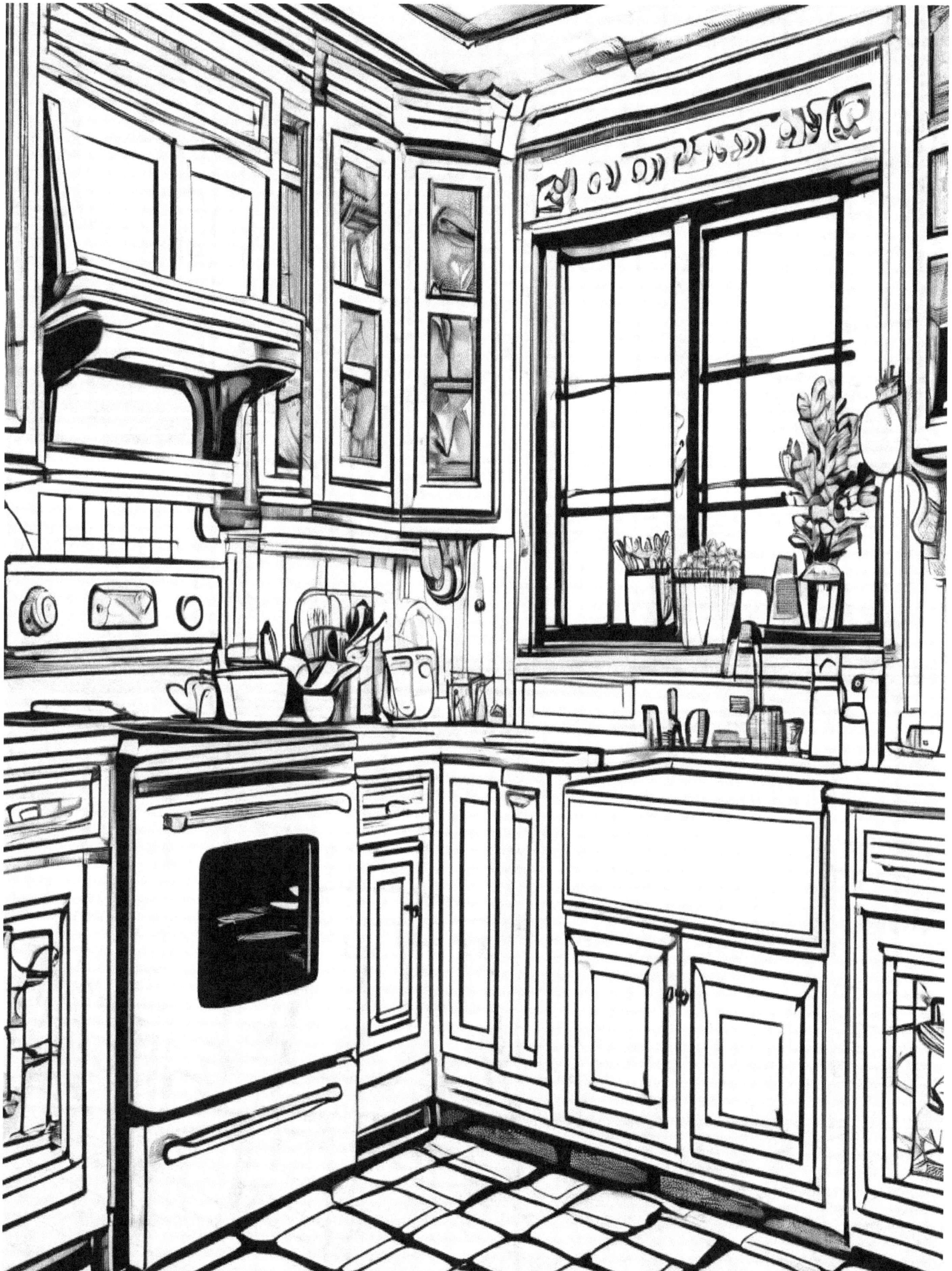

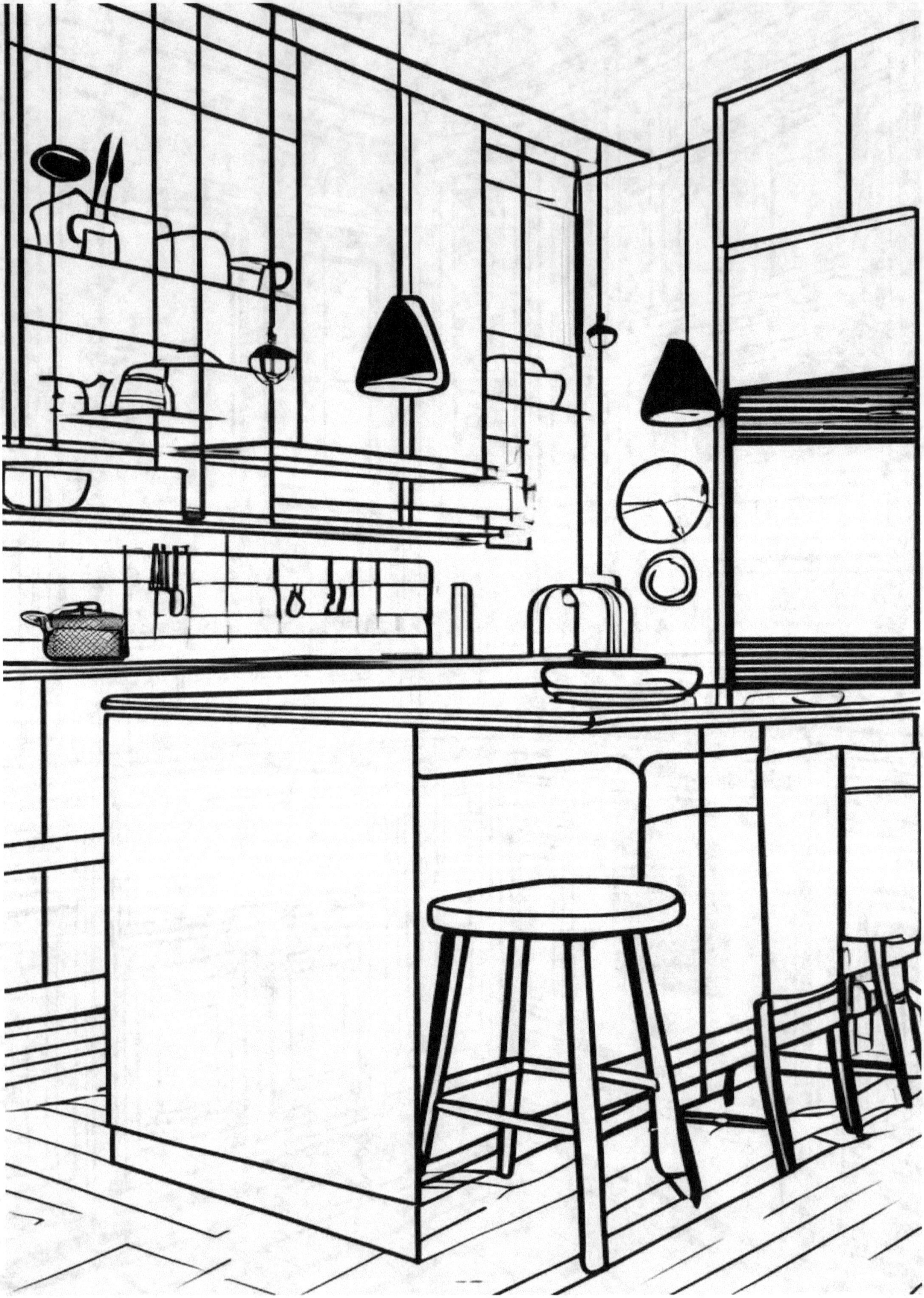

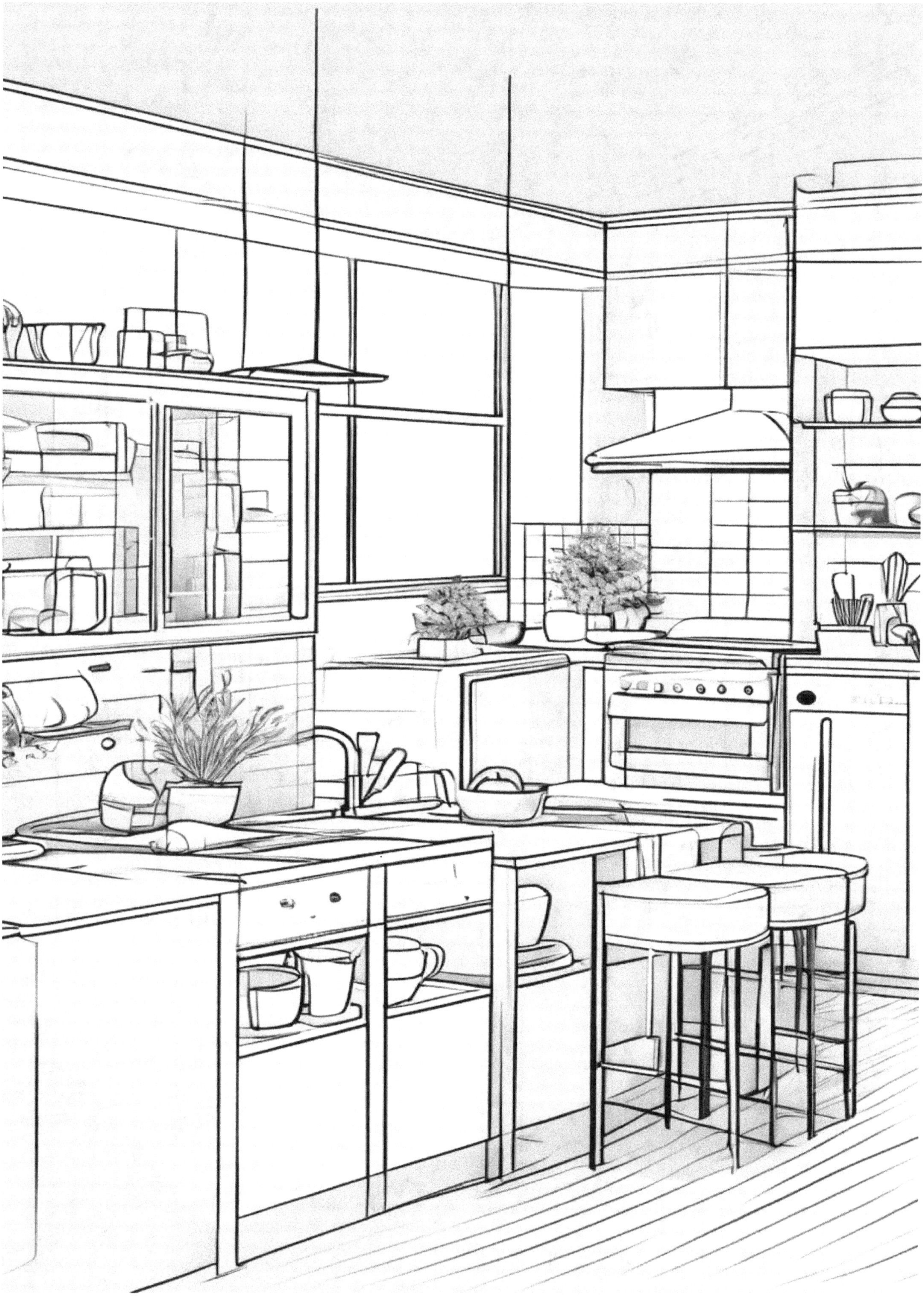

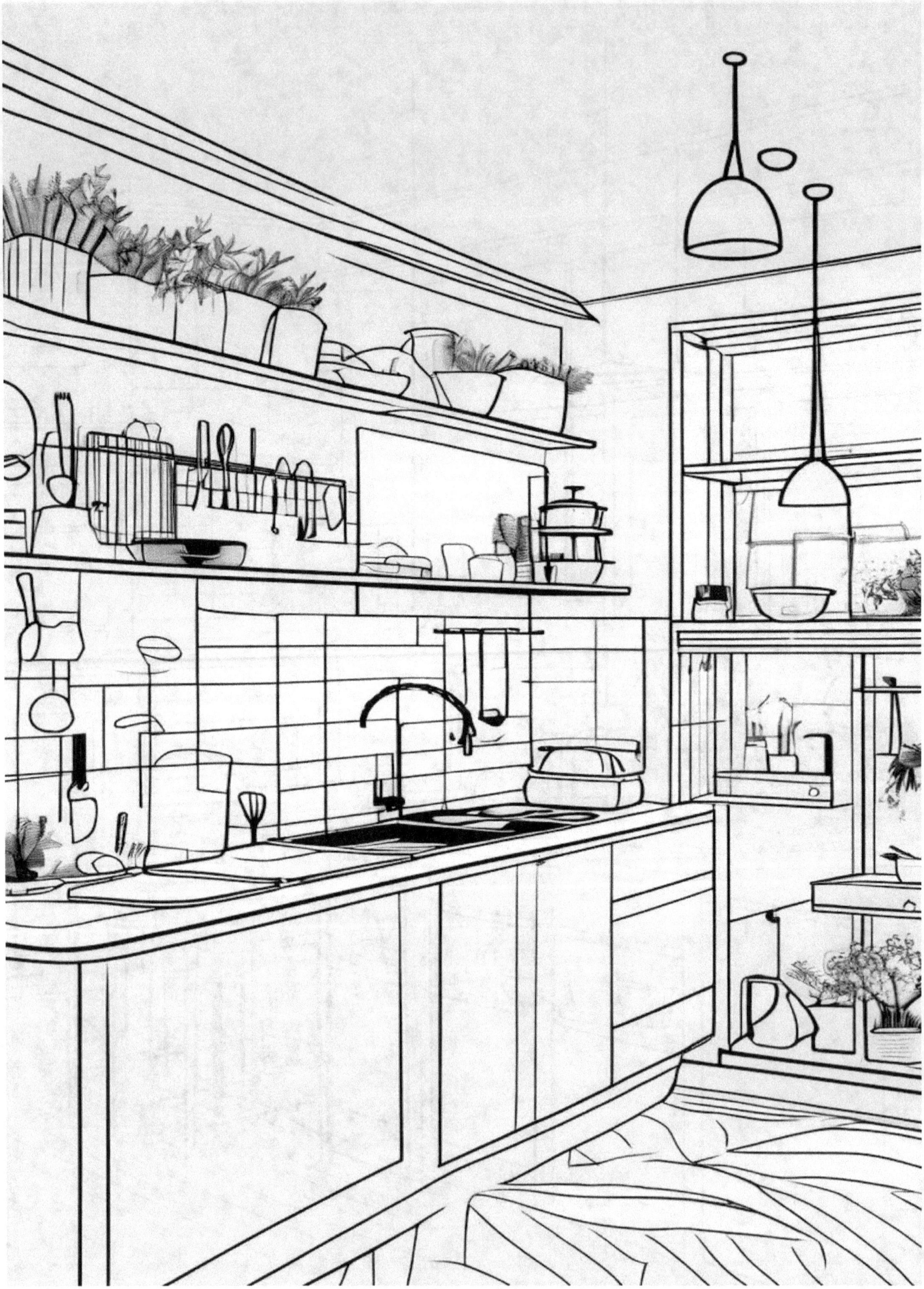

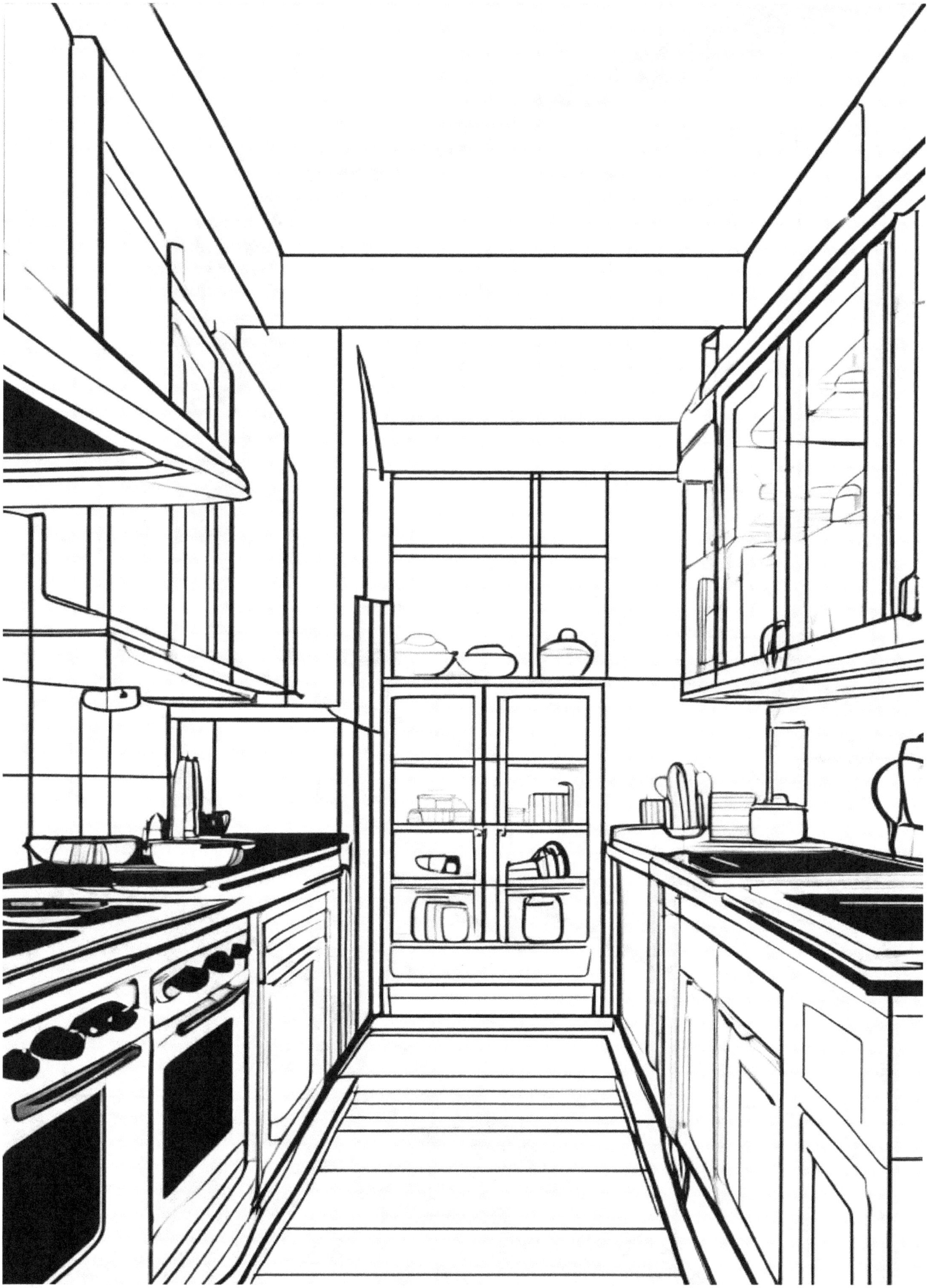

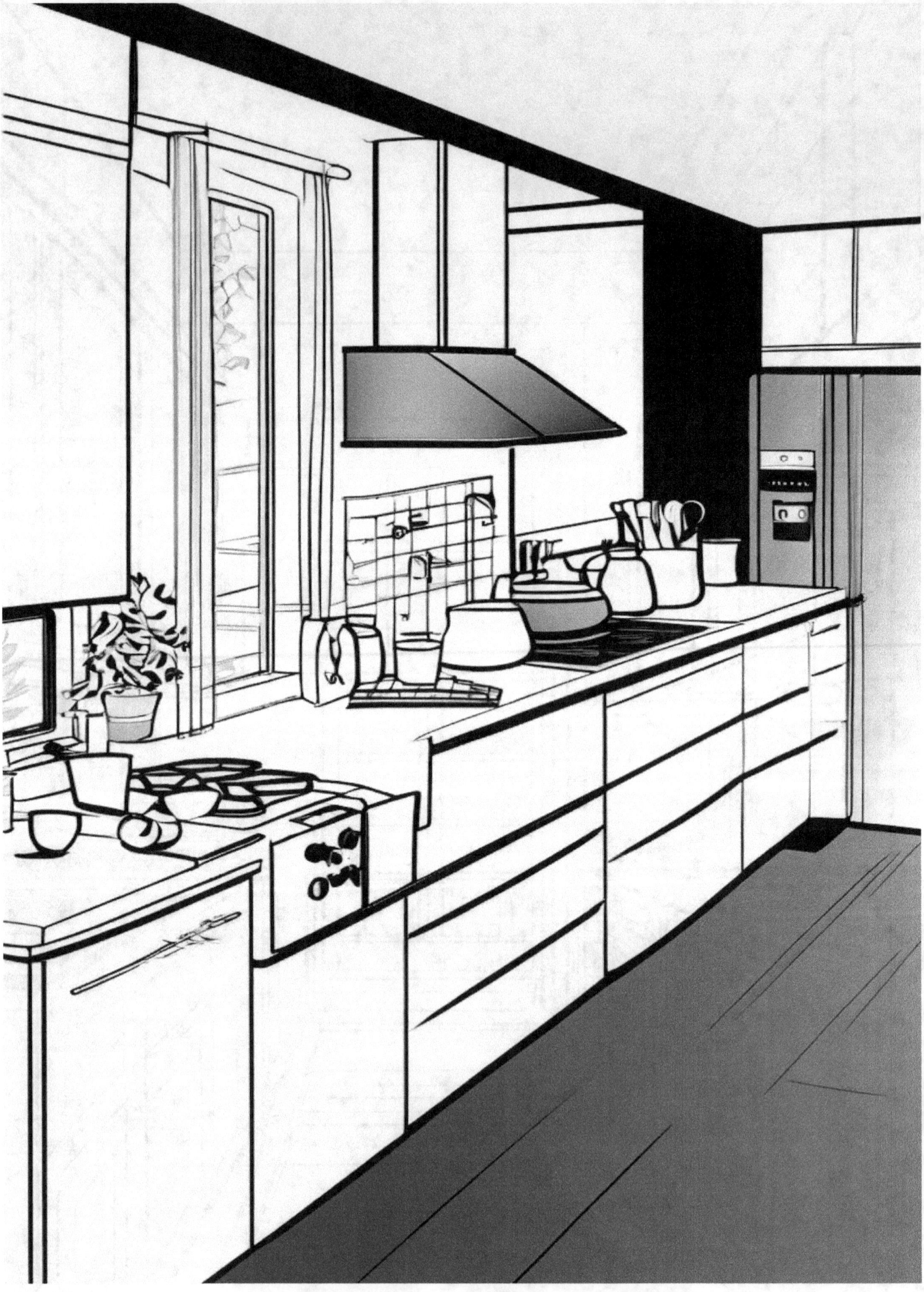

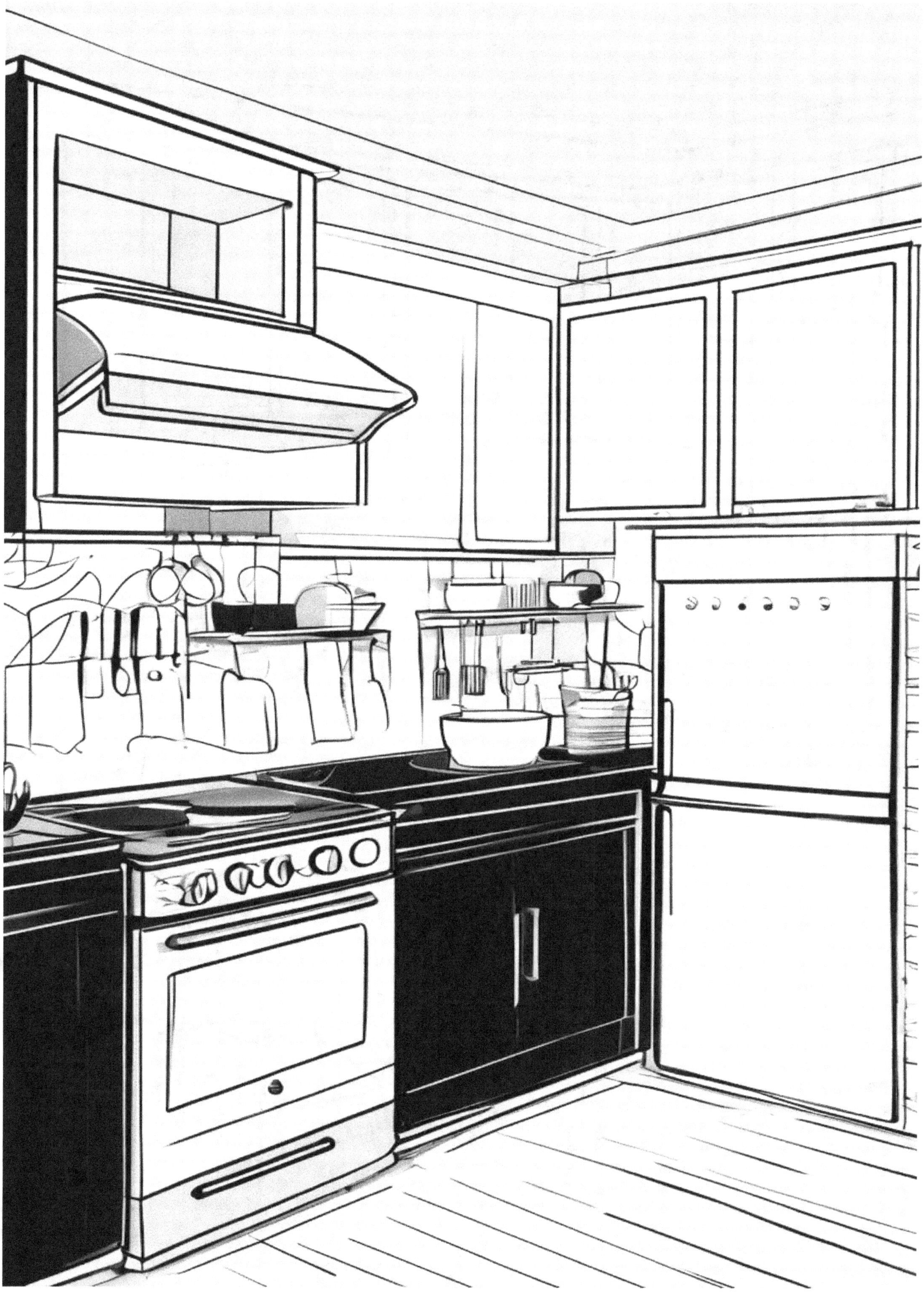

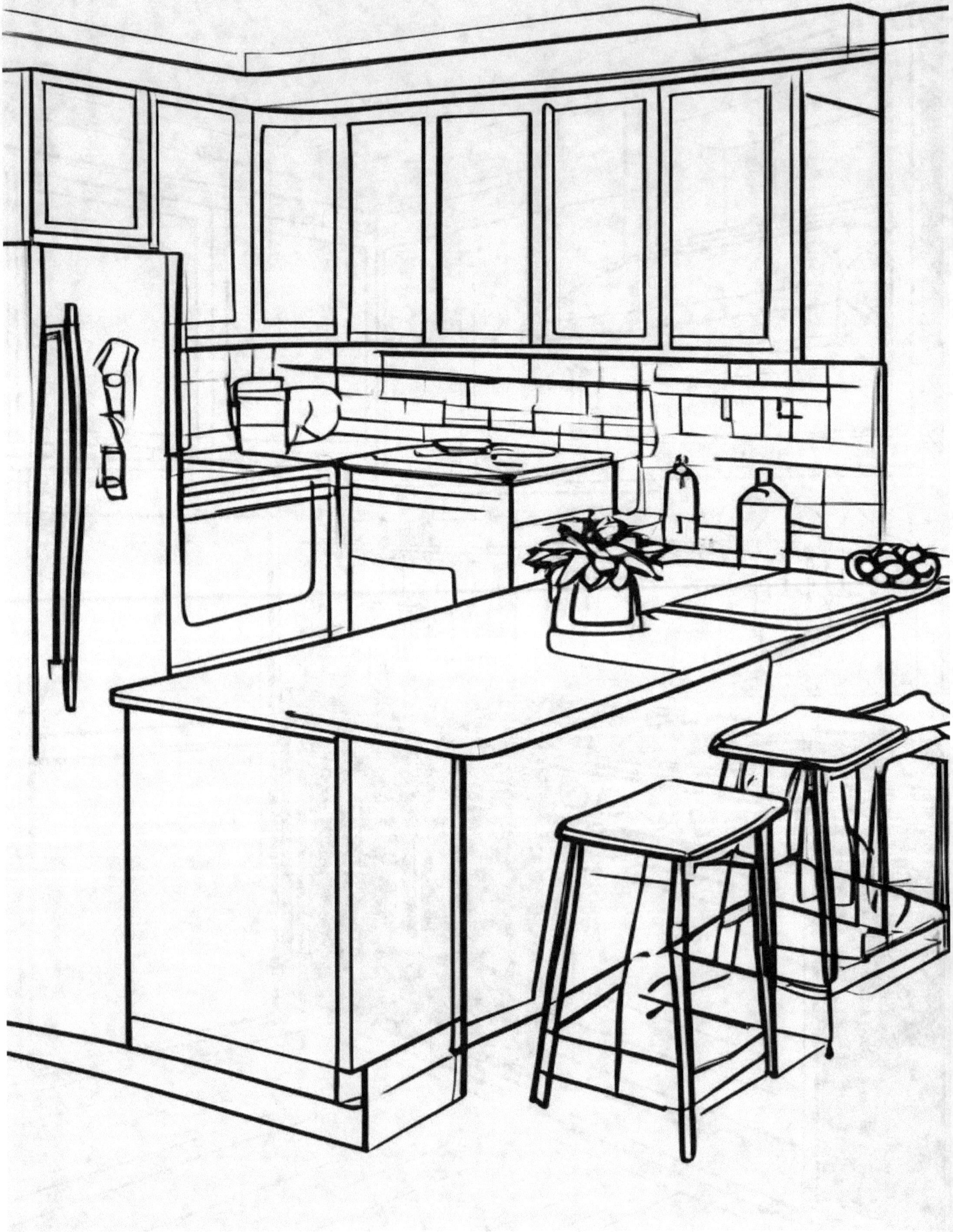

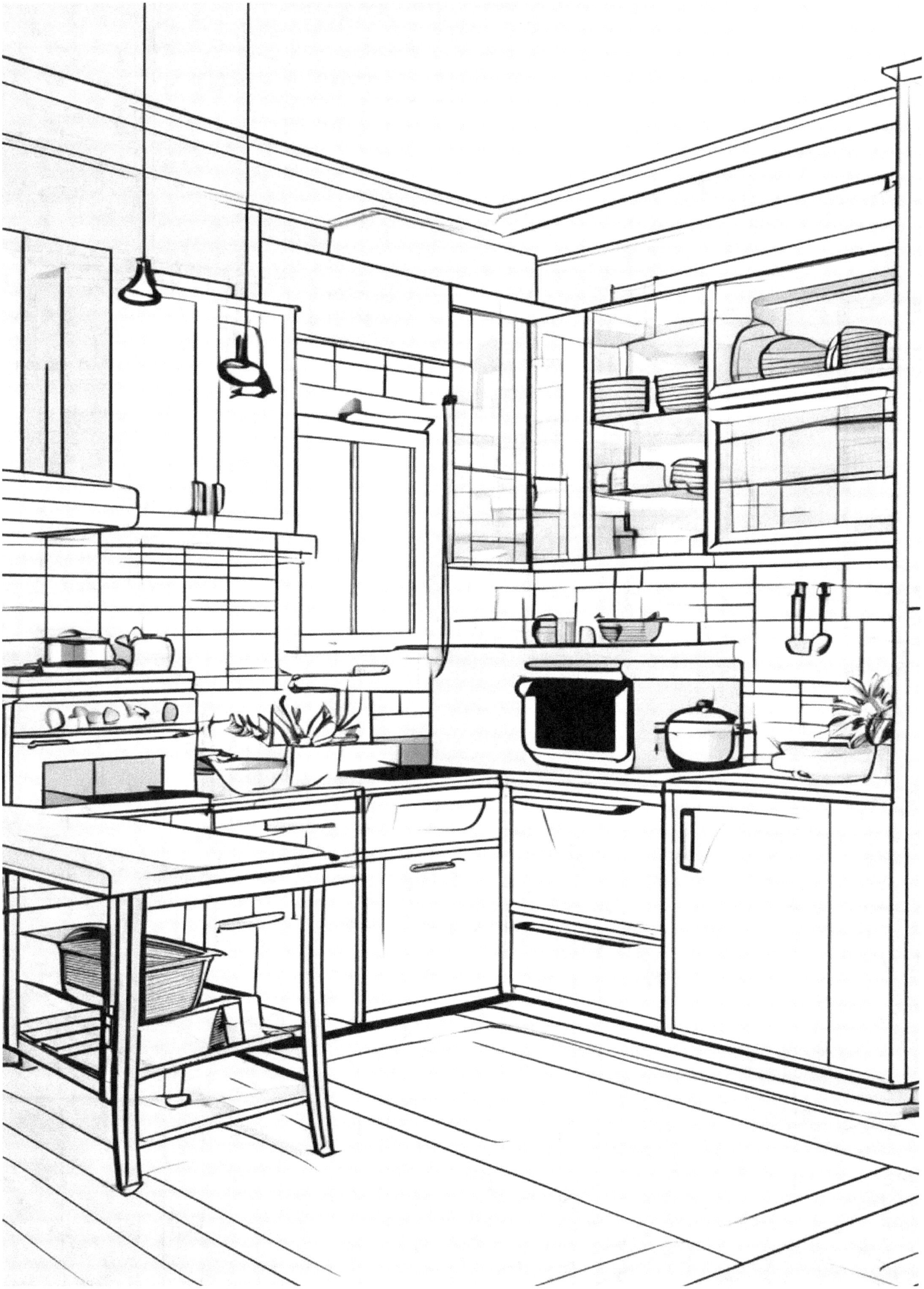

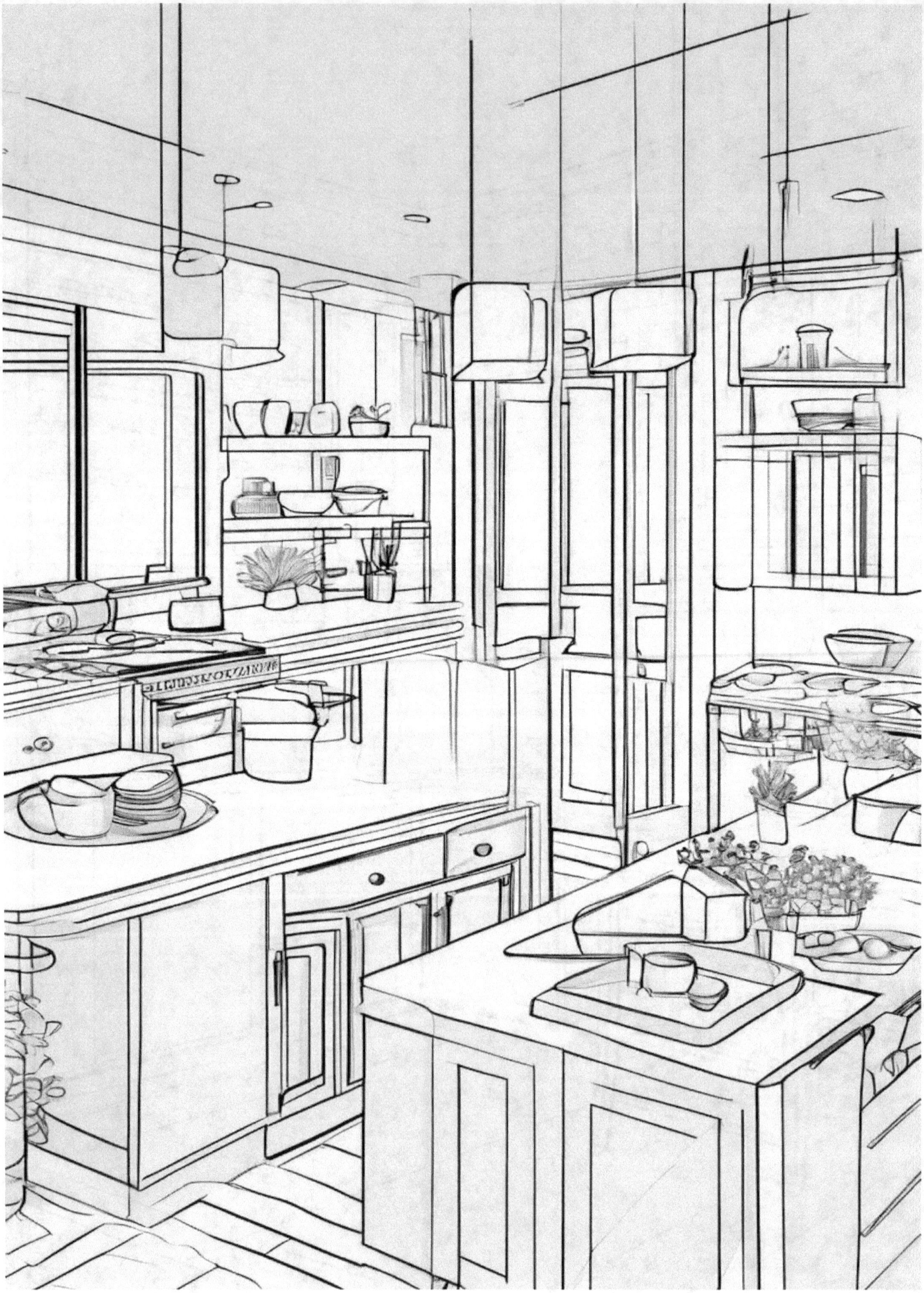

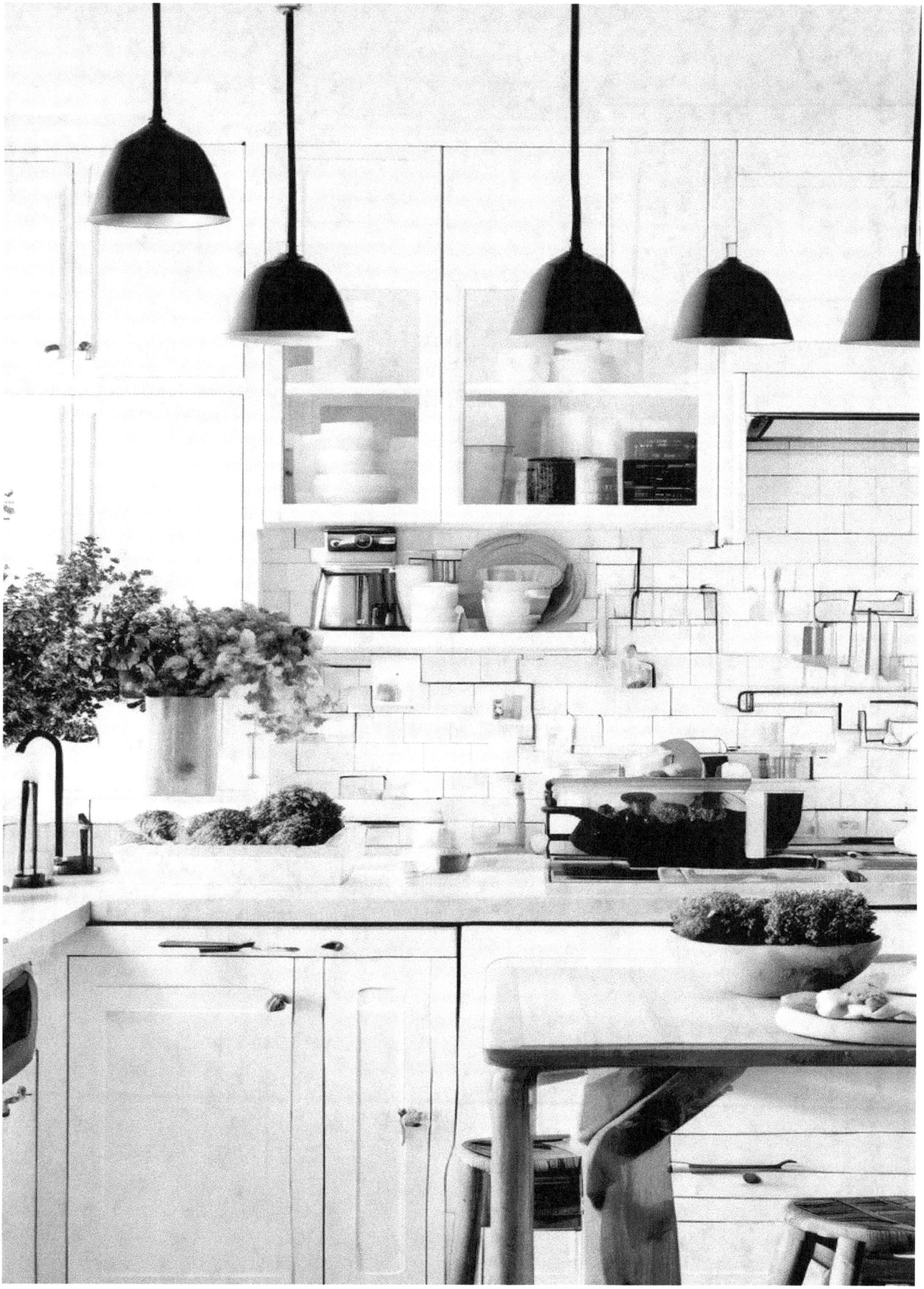

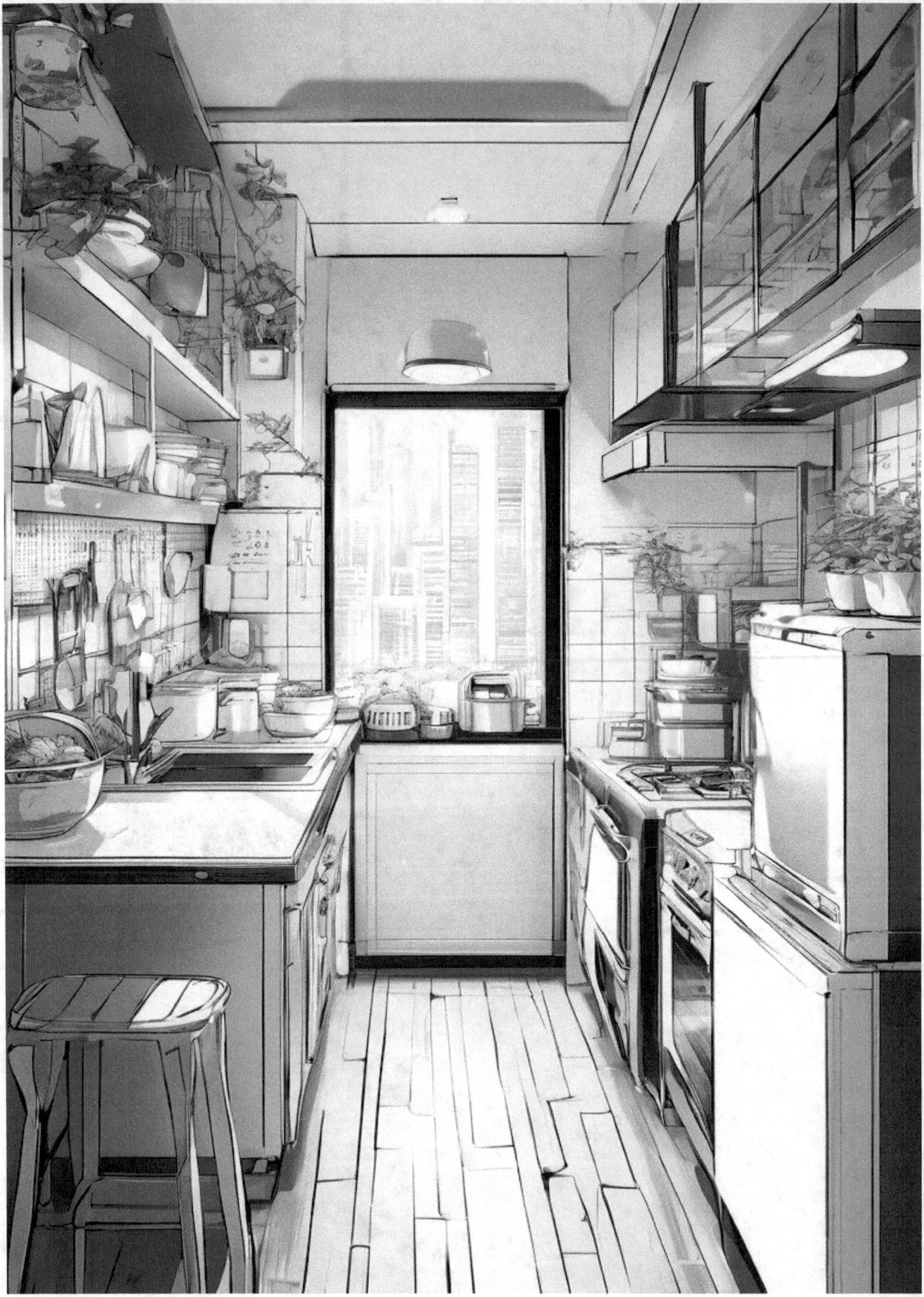

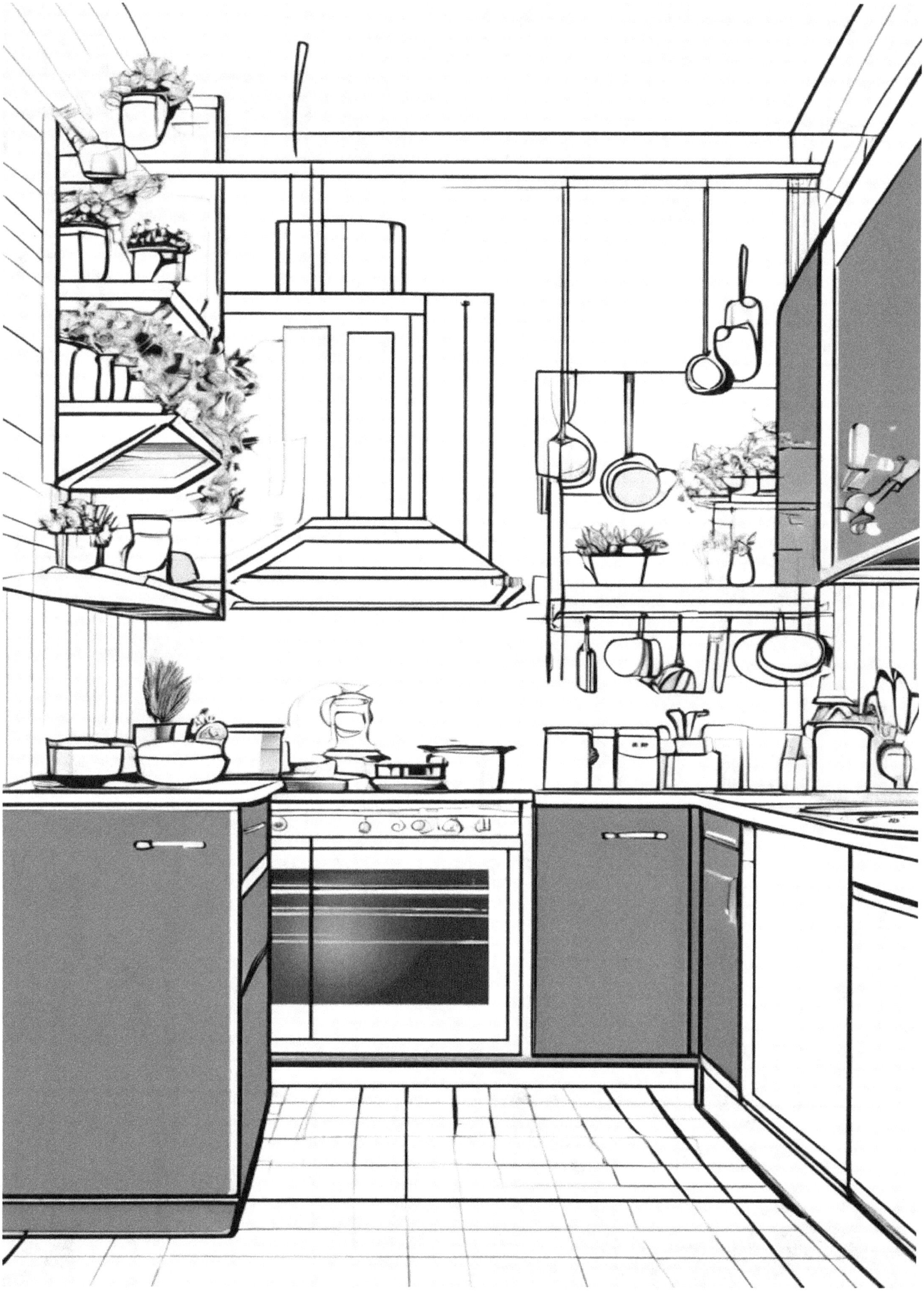

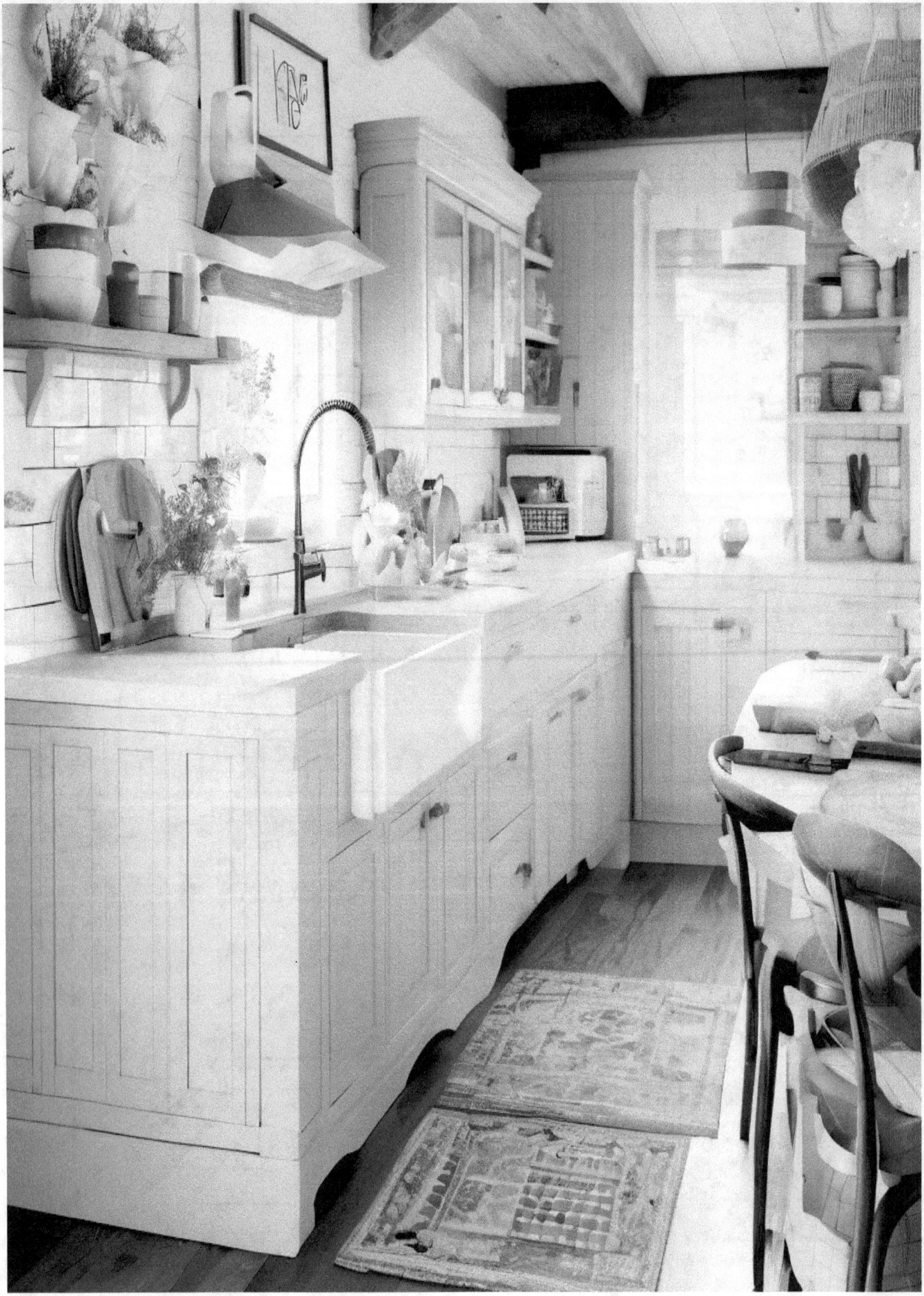

www.ingramcontent.com/pod-product-compliance
Lightning Source LLC
Chambersburg PA
CBHW080222220526
45471CB00012B/3523
* 9 7 9 8 3 2 2 3 5 1 9 5 5 *